牛顿与银河俱乐部

[法]马里恩·卡迪 [法]亚伯兰·卡普兰 著
[西]塔提亚娜·博伊科 绘 张璐 译

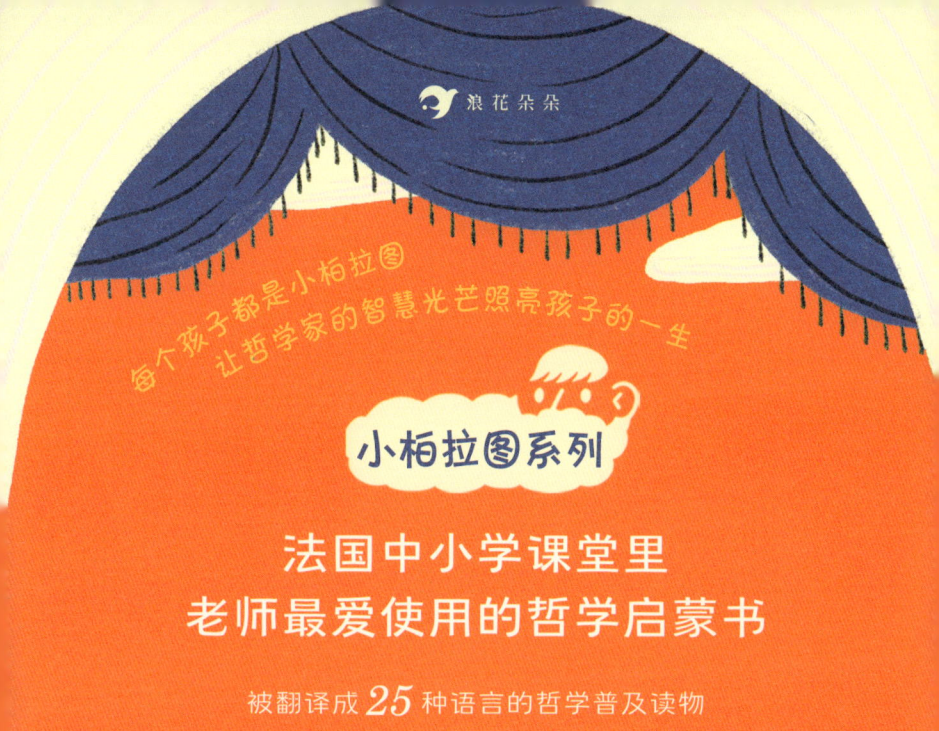

每个孩子都是小柏拉图
让哲学家的智慧光芒照亮孩子的一生

小柏拉图系列

法国中小学课堂里
老师最爱使用的哲学启蒙书

被翻译成 **25** 种语言的哲学普及读物

让小柏拉图结识大柏拉图

周国平 / 文

我喜欢这套丛书的名称——《小柏拉图》。柏拉图是西方哲学的奠基者，他的名字已成为哲学家的象征。小柏拉图就是小哲学家。

谁是小柏拉图？我的回答是：每一个孩子。老柏拉图说：哲学开始于惊疑。当一个人对世界感到惊奇，对人生感到疑惑，哲学的沉思就在他身上开始了。这个开始的时间，基本上是在童年。那是理性觉醒的时期，好奇心最强烈，心智最敏锐，每一个孩子头脑里都有无数个为什么，都会对世界和人生发出种种哲学性质的追问。

可是，小柏拉图们是孤独的，他们的追问往往无人理睬，被周围的大人们视为无用的问题。其实那些大人也曾经是小柏拉图，有过相同的遭遇。一代代小柏拉图就这样昙花一现了，长大了不再想无用的哲学问题，只想有用的实际问题。

好在有幸运的例外，包括一切优秀的科学家、艺术家、思想家等等，而处于核心的便是历史上的大哲学家。他们身上的小柏拉图足够强大，茁壮生长，终成正果。王尔德说："我们都生活在阴沟里，但我们中有些人仰望星空。"这些大哲学家就是为人类仰望星空的人，他们的存在提升了人类生存的格调。

对于今天的小柏拉图们来说，大柏拉图们的存在也是幸事。让他们和这些大柏拉图交朋友，他们会发现自己并不孤独，历史上最伟大的头脑都是他们的同伴。当然，他们将来未必都成为大柏拉图，这不可能也不必要，但是若能在未来的人生中坚持仰望星空，他们就会活得有格调。

我相信，走进哲学殿堂的最佳途径是直接向大师学习，阅读经典原著。我还相信，孩子与大师都贴近事物的本质，他们的心是相通的。让孩子直接读原著诚然有困难，但是必能找到一种适合于孩子的方式，让小柏拉图们结识大柏拉图们。

这正是这套丛书试图做的事情。选择有代表性的大哲学家，采用图文并茂讲故事的方式，叙述每位哲学家的独特生平和思想。这些哲学家都足够伟大，在人类思想史上产生了巨大而深远的影响，同时也都相当有趣，各有其鲜明的个性。为了让读者对他们的思想有一个瞬间的印象，我选择几句名言列在下面，作为文章的结尾，它们未必是丛书作者叙述的重点，但无不闪耀着智慧的光芒。

苏格拉底：未经思考的人生不值得一过。

伽利略：怀疑是真理的开端。

泰勒斯：水是万物之本源，万物终归于水。

老子：道可道，非常道。

牛顿：如果我看得比别人更远，那是因为我站在巨人的肩膀上。

尼采：成为你自己。

毕达哥拉斯：万物皆数。

小柏拉图系列 · 第一辑（7册）

毕达哥拉斯与数字逃亡

伽利略的疯狂实验

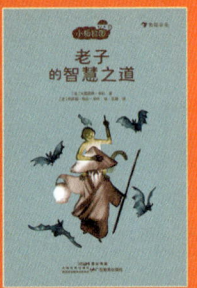
老子的智慧之道

尼采的奇幻漫游

牛顿与银河俱乐部

苏格拉底与命运之门

泰勒斯与智慧宝座

敬请期待
更多哲学家的精彩故事
弗洛伊德、维特根斯坦、赫拉克利特……

我不知道世人是如何看待我的，但是对我自己来说，我似乎一直都像个在海边玩耍的小孩，不时为找到一块更光滑的卵石，或是更美丽的贝壳而沾沾自喜。至于面前那片浩瀚的真理海洋，我还没有完全探明。

——艾萨克·牛顿

1682 年 7 月的一天清晨，科学家艾萨克·牛顿一边惊呼着"哇哦！"，一边冲出家门。

难道前一天夜里，隔壁邻居家的猫从一只变成了七只？每只猫的颜色各不相同？有一只红猫、一只橙猫、一只黄猫、一只绿猫，还有一只浅蓝色的猫、一只深蓝色的猫和一只紫色的猫。邻居一个人养这么多的猫确实有点多啦。

可是，当牛顿摘下眼镜以后，七只猫却重新合为了一只。猫咪抖了抖身体，甩掉了身上的露珠。牛顿决定继续在剑桥的路上散步，并重新戴上了那副奇特的眼镜。

其实，这副眼镜是用有着五个面的玻璃棱镜做成的，棱镜甚至比镜框还要宽。棱镜能将穿过它的白光分解成七种不同颜色的光。镜框是牛顿自己发明的，可以钩在耳朵上，在这个时代绝无仅有。牛顿戴着这副奇特的眼镜，显得特别古怪，剑桥的居民们遇见他时，都纷纷停下脚步，好奇地打量着他。牛顿的行进路线完全不固定，他时不时会撞到迎面而来的路人。可他从不道歉，只是一面注视着他们，一面兴奋地惊呼着"哦！""啊！"，有时候，他会突然把手向前胡乱伸去，也许会揪住别人的一只鼻子、一个耳环、一顶帽子，或者是一只狗的耳朵。剑桥的居民都觉得他很没礼貌，可他只顾着看人们头发上彩虹色的反光，并惊叹不已。

最后，牛顿来到一座小山丘顶上，他摘下眼镜，举起了望远镜，向着远方眺望。透过望远镜的透镜，可以看到剑桥一座座狭小的房屋乱糟糟地挤在一起。

"看看哟，斯蒂林弗利特太太在喝茶。我真不知道为什么大家都喜欢这种新式饮品。朝这边看看，"他一面说，一面转了个方向，"严肃的齐林沃斯先生，正在吞着麦片粥呢。太有意思了！"

他把望远镜转向图书馆的方向，结果却看到了另一只眼睛，正贴在天文望远镜的目镜后观察他。

"天啊，有人在看我！"

牛顿受到了惊吓，望远镜脱了手并沿着小山丘向下滚，消失在了高高的野草丛里。牛顿追着跑下山坡，猛地在一个大洞前面停了下来。

"完蛋了！"他拍着脑袋惊呼道。

这架望远镜由牛顿亲手制作，是他无比珍爱的宝贝。

他下决心要取回自己的望远镜，于是捏住鼻子，闭上眼睛，纵身跳进了洞里。

牛顿一直向下坠啊，坠啊，坠得越来越快！衣摆像翅膀一样在他头上扑棱棱地扇动。他什么也看不见。
　　洞里的温度越来越高，很快黑暗中出现了些许红光。
　　"天啊！我到地狱了！"
　　牛顿热得满头大汗，脑子里刚闪出些念头，立刻就烟消云散了。
　　没过多久，他就失去意识，再也无法思考了。

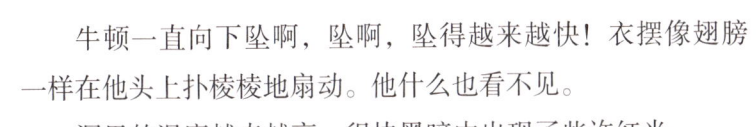

等到他恢复意识的时候，还在继续向下坠落，但是速度慢些了。

"我慢下来了！我慢下来了！"

这时，一阵凉爽的风习习吹来。他看到洞的深处——很远很远的地方——有一个蓝色的小点。

"那是蓝天！我刚刚是不是横穿了整个地球？"他无比骄傲，就好像是他用双手亲自挖出了这条隧道一样。

那个蓝点越来越大。牛顿在里面看到了一个小小的身影，那影子正在凝望着他。牛顿冲蓝点挥了挥手。

"你好呀！你好呀！"

可对方一声不吭。

"真奇怪，这个身影怎么跟我在英国皇家学会的报纸上看到的'企鹅'版画有点像……"

牛顿就快坠到隧道的尽头了，突然，他大喊起来："企鹅拿走了我的望远镜！企鹅，快把望远镜还给我！"

他的速度越来越慢，最后停了下来。霎时间，他又被一股莫名的力量向后吸去。

"快帮帮我！抓住我的手！"他冲企鹅喊道。

然而，企鹅却连翅膀都没抬一下。牛顿感觉自己又被拖回了黑暗，速度还越来越快。

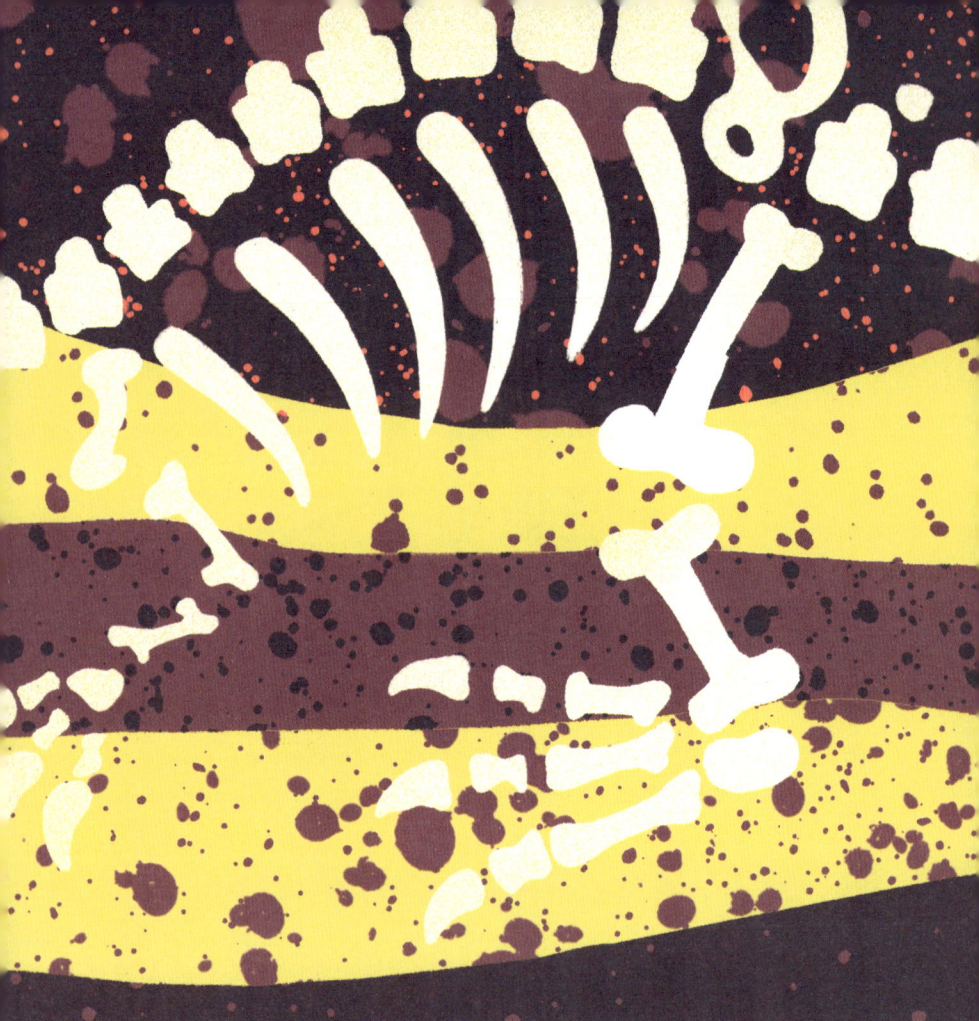

"我真倒霉,又回到地狱了。"他懊恼地挠了挠鼻子。

"我的望远镜掉在了地球另一端。可我为什么没能留在那里?掉进洞里后,我先是加速坠落,直到地球的中心,然后速度越来越慢,直到完全停下。这样看来,我到地心之前和从地心再往下坠的距离应该并不相同。"

在隧道的另一头,嵌在岩壁里的化石吸引了他的注意力。

"天啊,这里居然有海星!这绝对可以证明地球曾经被一片汪洋大海所覆盖。"

这时候,一滴滴雨水落在了他的头上。

"这可以证明,我离多雨的英国不远咯!"

他感觉自己的速度变得越来越慢,又忍不住忐忑起来。

"要是我跟个钟摆一样,在隧道的两端之间一直摇摆,直到停在地球的中心,那可怎么办?那我不就被困在这隧道里了!那我就永远也吃不到布丁了!我的天分也永远无法在世界上施展了!"

牛顿拼命抓住一根树根，两脚找到可以踩踏借力的地方，顺着岩壁往上爬。

当他带着一身泥土，终于爬出隧道的时候，太阳已经落到了地平线。

"我会再回来的！"他冲着洞口大喊，"我会拿回属于我的东西！"

然后，他飞快地跑回了剑桥。

这年夏天，一群孩子想到个新玩法，他们纷纷调皮地用弹弓去打剑桥的居民们。至于"子弹"，就是他们在树林里采摘的樱桃、李子等果子，而且他们选的都是熟透了的果子。因此，倒霉的路人身上总是沾满了红色和紫色的污迹，有准备的人甚至干脆穿着雨衣出门。

牛顿终于回到了家门口，他检查了一番落在衣服褶皱里的千年尘土。

"也许我应该用显微镜仔细观察……"

可他还没来得及开门,弹弓射出的"子弹"就越过了他家的矮墙。"啪啪"几声,几颗樱桃飞了过来,弄脏了他的衣服。

"击中目标!"几个小孩用稚嫩的声音喊着。

牛顿转身走向攻击者,可他又停了下来,露出了笑容,随后像阵风似的转身而去。

孩子们本以为牛顿要追上来,可是见他神秘一笑,都猜不透是什么意思,不禁面面相觑。

牛顿跑到了好朋友埃德蒙多·哈雷家，迫不及待地要跟他分享自己从"樱桃大战"中获得的启示。

"每天这个时候，他肯定在他的天文观测塔里。"牛顿想。

哈雷家的房子很古怪，总共只有一个房间，正中间耸立着一座高塔，比教堂的钟楼还高。

哈雷跟牛顿一样，都热衷于观测天上的星星。

他会把一只眼睛贴在天文望远镜上，整夜观察彗星；另一只眼睛则用来读数学和天文学的论文，或者只是用来睡觉。

牛顿在一楼没找到哈雷，只好爬上高塔的楼梯。由于哈雷患有恐高症，所以没有在塔里修窗户，这使得那楼梯蜿蜒且昏暗。

当牛顿带着满身污渍和泥土出现在高塔的观景台上时，哈雷惊呆了：

"你满身都是些什么？我亲爱的艾萨克！你被人打了吗？"

"没错！是被引力打了！"

"所以你是摔了一跤？"

"不完全对，不过也差不了太多！我从地球的一头摔到了另一头，还弄丢了望远镜。"

哈雷被牛顿的故事搞得晕头转向，他满脸苍白，两手紧紧地抓住椅子，用一张气象地图给自己呼呼地扇风。

"如果我想拿回望远镜,就必须跟望远镜一样,"牛顿解释说,"我必须在进入隧道前就具有一定的速度。你能帮我一起造一个……巨型弹弓吗?"

几个月前,这两位好友共同制作了一座天文时钟,可以精确地指明行星的位置,并计算它们移动的时间。这座时钟非常实用,可惜就是重量惊人:足足有三吨重!他们只好又造了一架更大的机器来搬动它。

这次他们的创造更为成功。当天晚上他们就投入了工作,三下五除二就完成了设计图,一个巨大无比的弹弓已经初见雏形了。他们精心制作每个零件,在黎明前来到牛顿丢望远镜的小山丘上,完成了最后的安装步骤。

牛顿活动了一下身体,爬进弹射座舱,表示自己已经准备好了。

哈雷把弹弓的弦拉满,然后开始倒数:

"三、二、一……艾萨克,旅途愉快!"

可牛顿并没有听见最后一句就已经被弹出很远,一头钻进了地球的内部,耳边尽是呼呼的风声。几分钟后,地球另一端的蓝天出现在了隧道尽头,那只企鹅仍然站在那里,正看着牛顿向自己冲来。

"那是我的!"牛顿大吼着,从企鹅手里抢回了他的望远镜。

可牛顿并没能停下来,他继续在空中飞行,像一支离弦之箭,又像一颗彗星,仿佛会一直向前冲去。

企鹅挺直了背,不明白刚刚发生了什么,眼睁睁地看着牛顿消失在天边。

牛顿眼看着地球离他的双脚越来越远。

"这我是真没预料到。"他说。

他抬起头，久久地欣赏着布满星辰的苍穹。

"哎呀，这个星座我以前从没观察到过，好像一只青蛙！我一定要告诉哈雷！"

可当他再次低头看时，他惊呼道：

"地球不见了！地球抛弃了我！"

不过，他很快发现地球出现在了他的背后。

"真奇怪，"他说，"太奇怪了！地球刚才还在这里，现在却在那边。这是为什么？"

他怀疑地球趁他一个不注意，绕着他转了个圈。随后他想起了那只企鹅。当牛顿试图从它手中夺走望远镜的时候，它曾一度紧紧抓着望远镜不放手。企鹅的抵抗虽然很短暂，但也足以使牛顿的轨迹发生偏移。

"所以是我改变了方向。可我这是要飞去哪里？我什么时候才会再落回去？别慌，所有向上抛出的东西，最终都会落回地球，只要耐心等待就好。"

然而，他并没有落回去。他开始感到阵阵寒意。

"哈雷看我不回去，肯定要着急了。"

牛顿叹了口气，现在他眼中的宇宙是多么地空虚和悲伤啊。

他看着地球，时间一分一秒地过去。在浩瀚无垠的大海之中，他看到了自己从未踏足过的国家，也许以后也没有机会去了。最后，他终于认出了英国的乡村，明白自己在绕着地球转。

"我变成了一颗卫星，将会被永远困在这里，"他伤心地想，"哈雷得花多长时间，才能发现我的轨迹，把我写进他的天文学著作里，与月球并列？"

他看到远处光芒闪烁的月球。

"月球也在围绕着地球不停转动，是同一股神秘的力量牵扯着我和月球，所以我们才不会径直地飞到无尽的宇宙里去。"

牛顿感觉精疲力竭。他闭上双眼，像只海星一样，将四肢懒懒地伸展开来。

一阵雾笛的鸣声把他从梦中惊醒。牛顿睁开眼，看见金牛座前面有一艘小船，正向他驶来。

"请您让一让，您挡在我们的航道中间了！"一个戴着硕大的卷曲假发的年轻男人冲他喊。

"我没挡你们的路，是你们挡了我的路！"牛顿反驳说。

小船的船尾还坐着另一个人，他收回船桨，转过身来。这人看上去年纪更大，有着高挺的鼻子、一撇小胡子和一双凸出的眼睛。牛顿立刻认出了他：

"笛卡尔？笛卡尔先生，真的是您吗？"

戴假发的年轻人转身问自己的同伴：

"您认识他？"

"不认识，我从没见过他。阁下是？"

"艾萨克·牛顿，英格兰数学家。我读过您所有的著作，笛卡尔先生！"

"那太好了，您可都读懂了？"笛卡尔笑着说，"我觉得您应该也认识我这位年轻的朋友。"

笛卡尔举起挂在船尾的油灯,照亮了年轻人的脸庞:

"请允许我为您介绍——戈特弗里德·威廉·莱布尼茨。"

牛顿点点头。

"当然了,您是莱布尼茨!我在伦敦的时候,见过您发明的计算器。你们这是要去哪儿?"

"去旋涡要将我们带去的地方。"笛卡尔回答。

"什么旋涡?"

"宇宙里盘旋的旋涡!就是这股旋涡让地球围绕着太阳旋转的。"

"我什么旋涡也看不见。"牛顿向周围张望了一圈。

他像游蛙泳似的划动双臂,又问:

"我也感觉不到什么旋涡。您是怎么感受到的?"

"旋涡就在这里,只是我们没法用肉眼看见。因为构成旋涡的粒子太微小了。"笛卡尔解释说。

"所以说,您口中的旋涡只是一种猜测。"牛顿说。

莱布尼茨使劲地点了点头:"科学需要猜想才能进步,单靠观察是不够的。"

"月球不能单独转动。"笛卡尔说。他把手垂在船外,仿佛在感受那流动的力量,然后他继续解释道:

"没有旋涡,月球就会以直线移动。"

"这一点我同意。"牛顿说,"请允许我谈谈我的观点。月球不可能无缘无故地自己旋转。我认为让月球转动的力,跟地球上把所有物品都向地球中心吸引的力是同一个——那就是万有引力!"

"那么,这个万有引力是如何起作用的呢?"莱布尼茨问。

"要离开一定距离。"

"为什么要离开一定距离?万有引力以什么方式起作用?"

"目前我不打算回答这些问题,因为我从不做猜想。"牛顿眨了眨眼睛。

"不做猜想?那您是怎么发现新知识的呢?"莱布尼茨惊呼道。

"这很简单,我遵循的是推论规则。这样可以限制过度的想象,避免我们做出荒谬的猜测,比如关于旋涡的荒唐想法。"

"那么您的这个推论规则具体是什么?"笛卡尔问。

"假设我观察到两个相似的结果,那么这两者就多半出自相同的原因。比如,我观察到两件相似的事情:地球围绕太阳旋转,木星也围绕太阳旋转。而且,太阳作用在每个行星上的引力,会随着太阳与行星距离的增加而递减。因此可以推论出,让地球和木星转动的是同一个力。当然了,火星、金星和其他所有行星也都是一样。"

"地球对月球有吸引力，"牛顿接着说，"那么地球不也可以对太阳有吸引力吗？假设万有引力是一种相互的力，那么所有的天体之间都有这种相互作用的力。月球！地球！太阳！都是如此！可是，我怎么可能去验证这一切呢？"他自问道。

"亲爱的朋友，您现在不就走上做猜想的危险道路了吗？"莱布尼茨狡黠地问。

"到我们的船上来吧,不要在船边转圈啦。"笛卡尔提议。

牛顿好像没听见笛卡尔的话,皱着眉环顾四周。

"我在围着你们转!那么,您对我就是有吸引力的!这不正是我所期待的证据嘛!一切物体都是互相吸引的!"

笛卡尔把手伸向他,帮他登上小船。

牛顿走到船尾,坐在莱布尼茨身边,庄重地说道:

"在宇宙里最容易迸发出天才的想法!"

"可您的体系在我看来并不稳定。"莱布尼茨反驳道,"您给我解释解释,为什么行星被太阳的引力所吸引,却又不会撞向太阳?"

"很显然,宇宙的创造者改变了行星的轨道。"牛顿回答说。

"我怀疑的正是这一点。如果上帝是个钟表匠,他应该不会做一块要一直上发条的手表。一块完美的表,只需要上一次发条就能永久使用。"

"我亲爱的莱布尼茨,您的钟表匠上帝可能会放任他的表自动运转。可上帝创造宇宙,并不是为了一劳永逸,之后就对它不理不睬。相反,他每秒钟都要掌控宇宙的秩序。"

摇晃的小船和刚才的对话让笛卡尔头晕目眩。他不喜欢争吵。他认为，真理是清晰明确的，无须争辩，所有人都会心悦诚服。

"估计俱乐部的成员们会很高兴听到您的这些理论。"笛卡尔咕哝着。

"俱乐部？"牛顿很是惊讶。

"月球上所有的天文学家在一起，就组成了一个俱乐部。"

"银河俱乐部!我以为这只是个传说!"

"当然不是。"莱布尼茨回答,"我们就是从那儿来的。你以为我们划着小船漫游在宇宙里,是来找小酒馆的?"

笛卡尔向船边欠了欠身子。

"我亲爱的牛顿,如果我们使上足够的力量推你,也许能把你推到俱乐部去。"

"我不确定……"

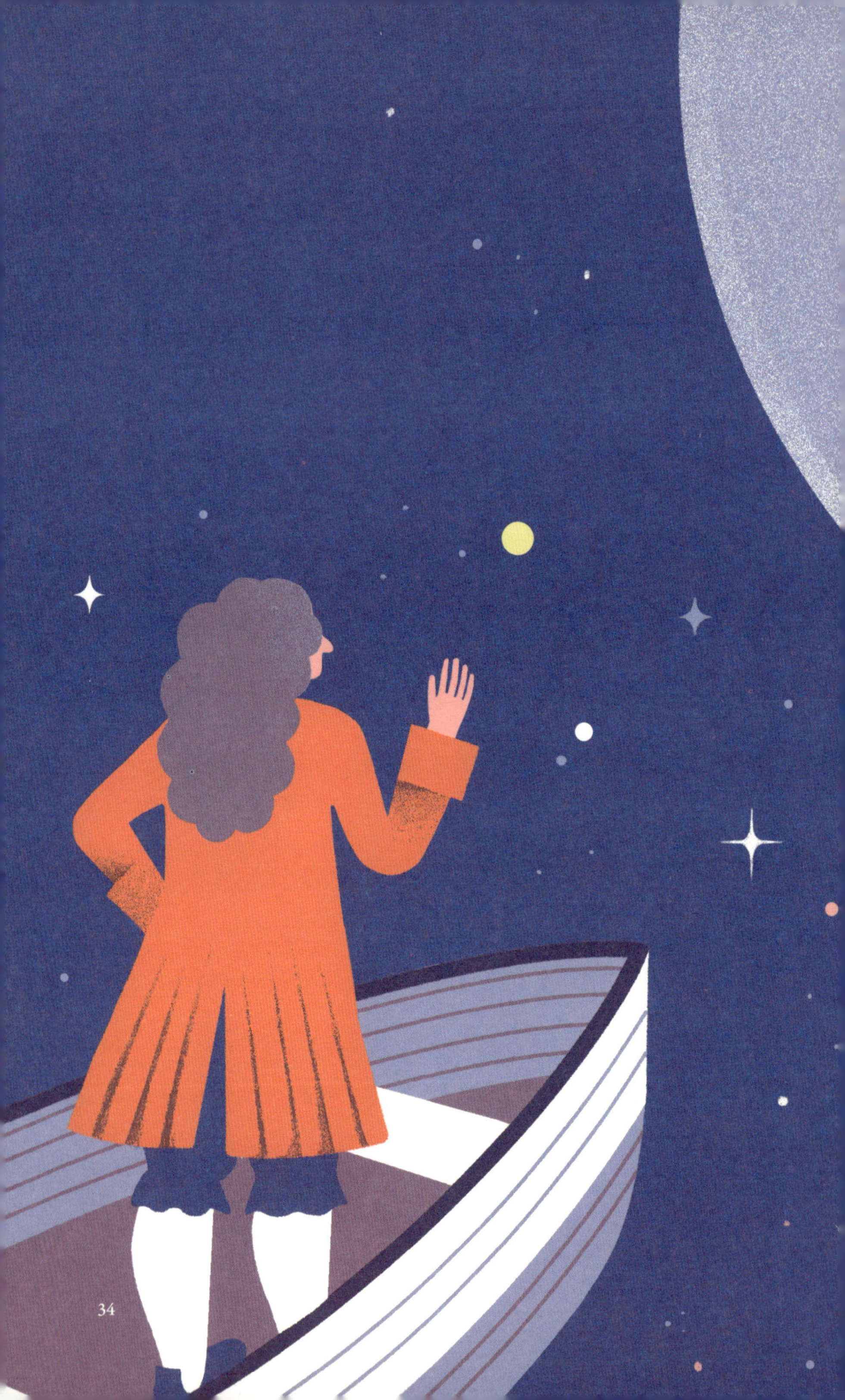

可是话音还没落，莱布尼茨就已经把牛顿推到了船外。

"您确定那是月球？"牛顿喊着，离小船越来越远，"我怎么看不到平时从地球上观察到的那些起伏的地形呀！"

"那是因为您现在看到的是月球的暗面，这是从地球上永远也看不到的神秘的一面！代我们向俱乐部的成员们问好！"

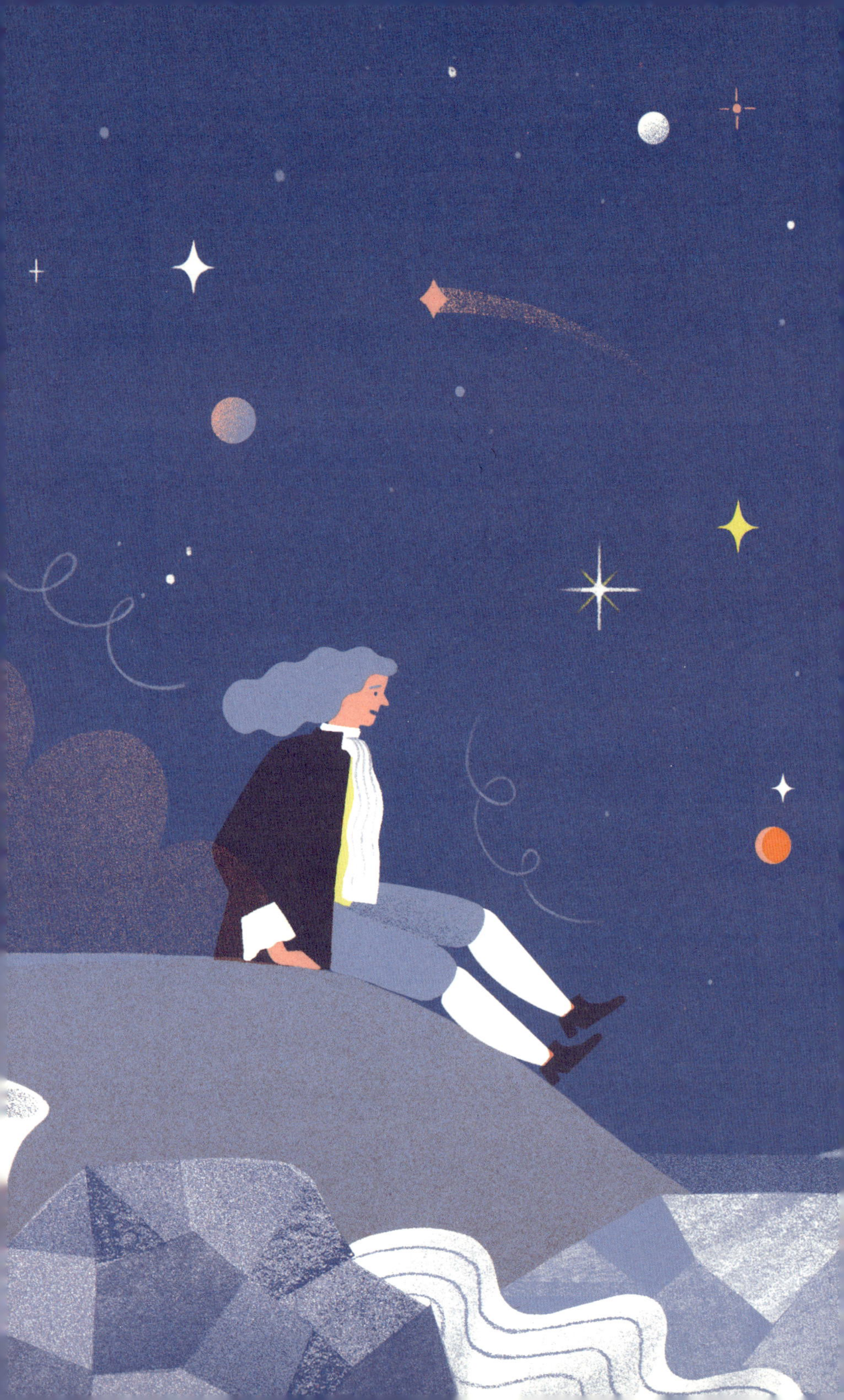

牛顿逐渐靠近月球,速度越来越快,身子好像也越来越重。很快,他猛地着陆在月球上,扬起的尘埃缓缓地落在他周围。他正身处一个广阔的火山口的正中央。

"这里简直就是沙漠!月球学家书里写的大海在哪里?"

他起身时,身体又向上腾起了几米高才落回原处。他每迈出一步,就会轻盈地向前跳好几米。

"我的天,我得重新学走路了。"

他没走多远,就看见尘土中有足迹。

"只有一个足印,还很新。很明显,这个人走路时跳得非常远!"

牛顿抬头一看,惊讶地发现,有个穿着古代服饰的年轻女子在不远处等他。

"你看见我的翅膀了吗?"她用稀松平常的语气问道。

"翅膀?"

"对,我的火翅膀。"

"没看到,我刚刚来到月球。"

年轻女子满脸失望。

"你如果过上几百年再来这里,还能看到自己的脚印。"她说,"月球上没有风,任何痕迹都永远不会被抹去。"

"我……我是来见银河俱乐部成员的。"局促不安的牛顿小声说。

"没问题。"她说,"我这就带你去。"

"很久很久以前,我就想画一幅地球的地图。"她边走边对牛顿说,"可我离得不够远,缺乏足够的视角来仔细观察地球。为了确保我没有遗漏任何一片大海或是一块大陆,我想或许我可以飞到高处,离世界的中心越远越好。"

"地球不是世界的中心。"牛顿回答。

"你说的怎么跟其他人一样。"年轻女子微笑着说,"他们也说,世界的中心是太阳。"

"他们是正确的。在地球上,就像在月球上一样,人察觉不到自己围绕着太阳旋转,可如果站在月球上眺望地球,就能把真相尽收眼底。"

"请问，怎么称呼您？"牛顿很不好意思地问。
"我的名字叫托勒密。"年轻女子笑着回答。

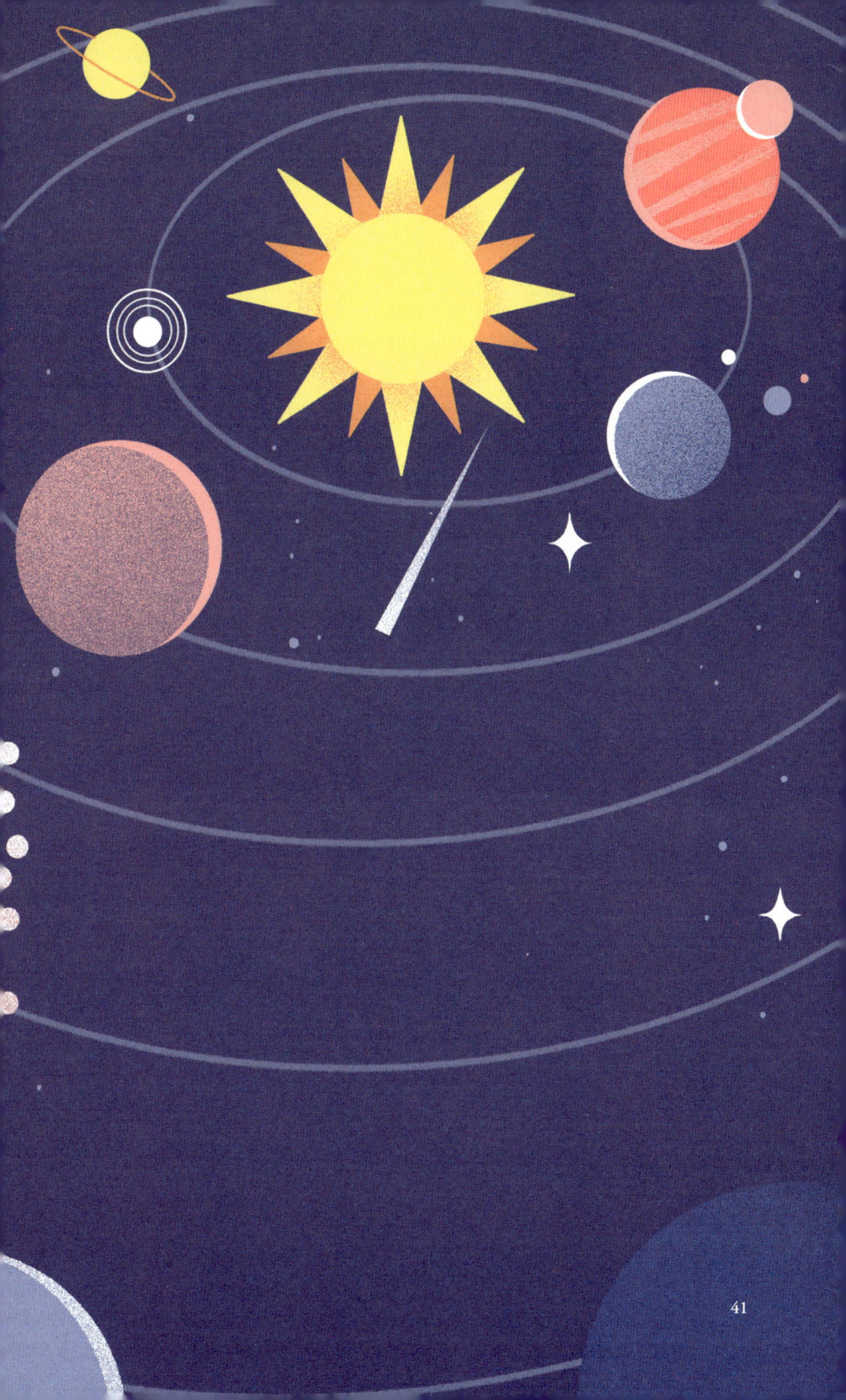

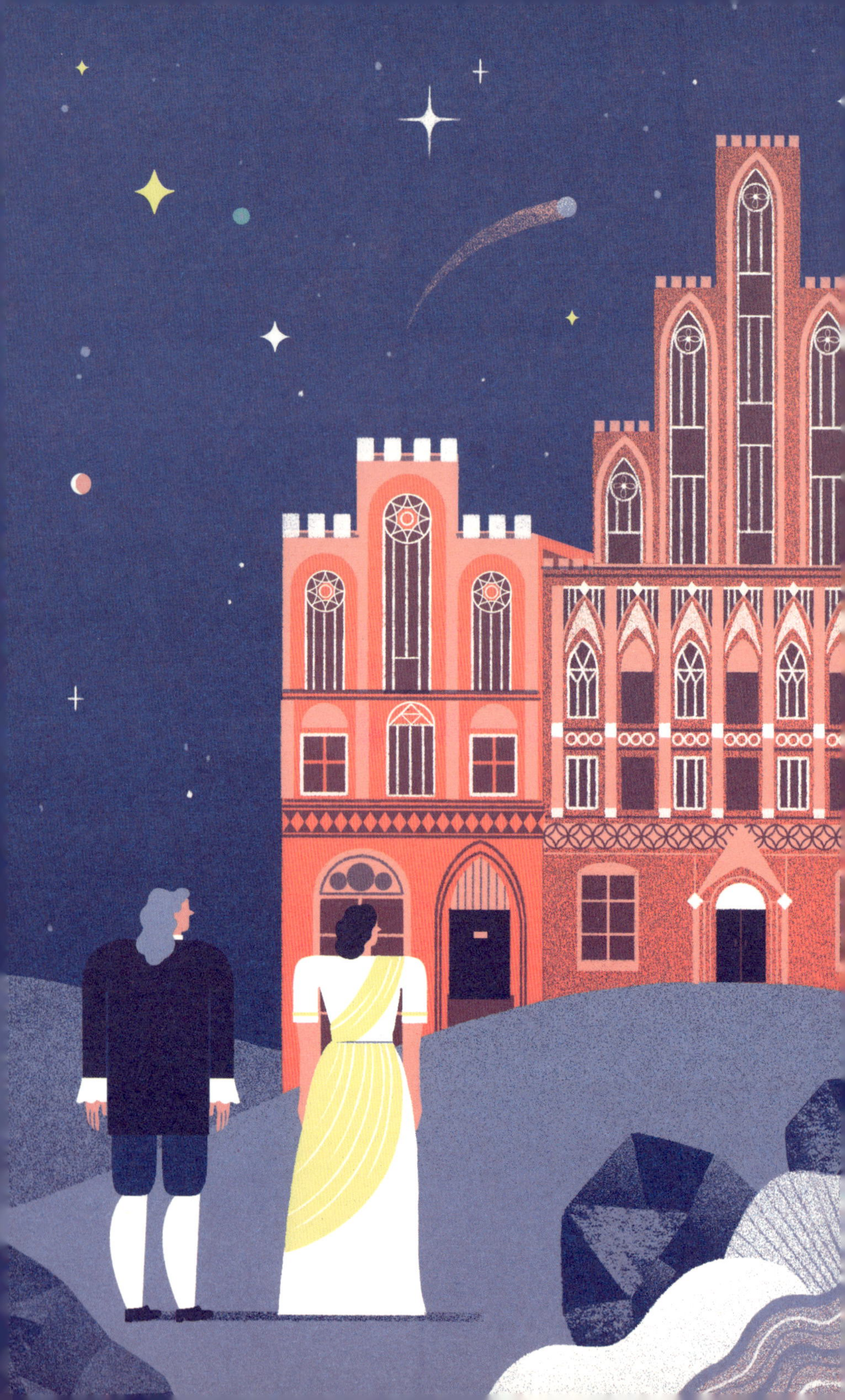

他们在一栋狭窄的红砖房子前停下脚步,房子的顶部高低错落,墙面装饰着彩绘大玻璃和线条雕饰。门楣上写着:"非天文学家不得入内。"托勒密敲了敲门,一个男人很快从旁边窗户里探出头来:

"从这里进来吧,刚才狗把钥匙吞了。"

窗户通向一间大客厅,除了几把扶手椅外,所有家具都是靠墙放置的。客厅正中间放着一块大象一样巨大的陨石,闪着未知金属的光泽。

"我是尼古拉·哥白尼。"男人自我介绍说。

"艾萨克·牛顿,天文学家、数学家、哲学家、物理学家、神学家。我能否问一下,这栋房子是如何出现在这里的?"

"当然可以,您请坐。"哥白尼说。

哥白尼把睡在扶手椅上的小狗抱起来,放在膝盖上。

"这栋房子是跟着我一起来的。当时我就坐在这张椅子上,维斯瓦河上弥漫着大雾,影响了我观察天象。大雾总也散不去,最后我彻底气馁,只能开始想象,从太阳上看,行星是如何运动的。本来在那个时期,我非常确定,地球是宇宙的中心,可就在那时……"

哥白尼闭上了双眼。

GÉOCENTRISME
地 心 说

"突然，我看到地球从我窗前划过。我想我应该是被太阳带走了，可一迈出屋子，我却发现太阳正在天边闪着光。原来我竟然来到了月球上！我们无论在哪儿，都始终觉得自己处在世界的中心，对吧？"他亲切地冲着托勒密笑了笑。

"如果我们始终觉得自己处在中心，我们如何才能知道哪里是真正的中心？"托勒密轻声低语。

"必须选择最简明的物理模型。如果太阳处于世界中心，那么行星的轨道就会呈完整的圆形，既简单又和谐；可如果我们把地球放在中心，行星的轨道就会混乱不堪。"

"我的世界体系并不混乱，只是很复杂。"托勒密抱怨说。

忽然间，传来玻璃破碎的"咔嚓"声，惊醒了小狗。

哥白尼抬起头喊道：

"开普勒，是您吗？"

科学家约翰尼斯·开普勒顶着满头蓬乱的头发，匆匆跑下楼梯。

"哥白尼，行星围绕太阳旋转的轨道不是圆形的！我跟你解释过多少次了！任何测量手段都不可靠，行星的轨道是偏椭圆形的。都怪你的胡说八道让我分了心！我的透镜也摔碎了！啊，我打磨了几个月的透镜！"

看他一脸的痛苦，牛顿忍不住想安慰安慰他，于是从口袋里掏出自己那副由五个面的棱镜做成的眼镜。开普勒接过眼镜，仔细研究起来。

"这玻璃棱镜做得真好！"他大声说。

开普勒把眼镜架在鼻子上，凝视着蜡烛的火焰，如痴如醉。

牛顿问哥白尼："您在家里接待了很多天文学家吗？"

"确实，现在还不能确定一共有多少位天文学家，因为未来还会有很多伟大的后继者。比如有个名叫斯蒂芬·威廉·霍金的出色的年轻人，他将在1942年出生。一直在更新名单的是伽利略，你应该可以在隔壁的工地找到他。"

"他在工地建造什么？"

"当然是观察塔了。"

开普勒喜滋滋地戴着新眼镜，带着牛顿和托勒密钻出俱乐部的窗户，大跳几下，便来到一个小坑旁边。伽利略正在这里收集比他个头还要大好多的石块。

"过去这里有水吗？"牛顿问。

"没有。"开普勒回答，"我们找了很久，一直没找到水源。这个坑是陨石撞击造成的，就是我们放在客厅里的那块陨石。"

伽利略把大石块向上抛到他建的高塔上，时不时停下来，用天文望远镜观察高塔堆得如何。

"是不是所有人在月球上都会变得力大无穷？"牛顿问。

他用脚尖踢起一块石头,灵巧地用手抓住,然后远远地扔了出去。

"45度,完美角度落地!"伽利略大呼道,并向他们走过来,显然很欢迎客人的到访。"不过要射中陨石的话,必须瞄准更高的位置!"

"伽利略曾在威尼斯的军工厂担任工程师。"托勒密骄傲地说,"他可是弹道轨迹的专家,能极其精确地预测物体如何下落。他提前算好了发射所需的力和角度,然后借助他的大炮来到了这里。"

伽利略对自己的工作颇为自豪,早就在坑的内侧修好了阶梯座位,供大家观赏。于是,大家纷纷跳上台阶。

"这让我想起了我年轻时候去过的圆形剧场里的阶梯形座位。"托勒密说。

伽利略搓搓双手,尘土纷纷落下。

"我发现东西在月球上下落的速度比在地球上慢。为了弄清楚原因,我会在这座观察塔的塔顶让物体坠落,从而研究下落情况。"

"请允许我讲两句。"牛顿说,"我认为可以确定物体在月球上的下落速度更慢,因为它们的重量更轻。"他显得很自信。

"无稽之谈!"伽利略打断了他的话,"地球上的所有物体,无论重量是多少,都以相同的速度下落。我曾经让一个小枕头和一颗炮弹同时从比萨斜塔的顶部落下,它们是同时落地的。"

"物体下落的速度跟它们的质量毫无关联,而是跟它们的重量有关。"

伽利略瞪大了双眼,他并不知道"质量"和"重量"之间的差别,原因很简单,因为这是牛顿最近提出的概念。

"我们可以以这颗小卵石为例。"牛顿说,"它的物质总量,我称之为'质量'。月球对这块卵石有吸引力,这个力就是它的'重量'。质量是这颗卵石的物质总量,永远不会变化。但是如果它现在在地球上,那么它的重量就会更大,因为地球对物体的吸引力比月球对物体的吸引力要大。"

"这是为什么?"伽利略问。

"因为地球的质量更大。如果这块石头是在太阳上,那么它还会变得更重。"

"那我们呢?"开普勒一面跳着一面问。

"我们当然也会变得更重,甚至沉重得伸不直腰杆。"

牛顿的解释让伽利略欣喜若狂。

"亲爱的牛顿,按照美第奇家族[1]的做法,我要将我的天文望远镜,还有所有能通过它观察到的星星,全都赠予你。"

"亲爱的伽利略,我将这颗卵石,还有我关于万有引力的理论回赠给你。"

"伽利略给每个人都送星星。"托勒密嘀咕着,"上一次,他就送了一颗给纳西尔丁·图西,图西跟其他天文学家一起住在旁边的坑里。他也来这里很久了。"

"您是第一位来月球的女性,真是太了不起了!"牛顿向她深深鞠了一躬。

"从某种意义上来说,我是唯一一个来到这里的女性。"她继续说,"我在这里的主要工作是观察地球,并且写一部关于地球的地理书。"

---

[1] 意大利文艺复兴时期极具势力的名门望族。

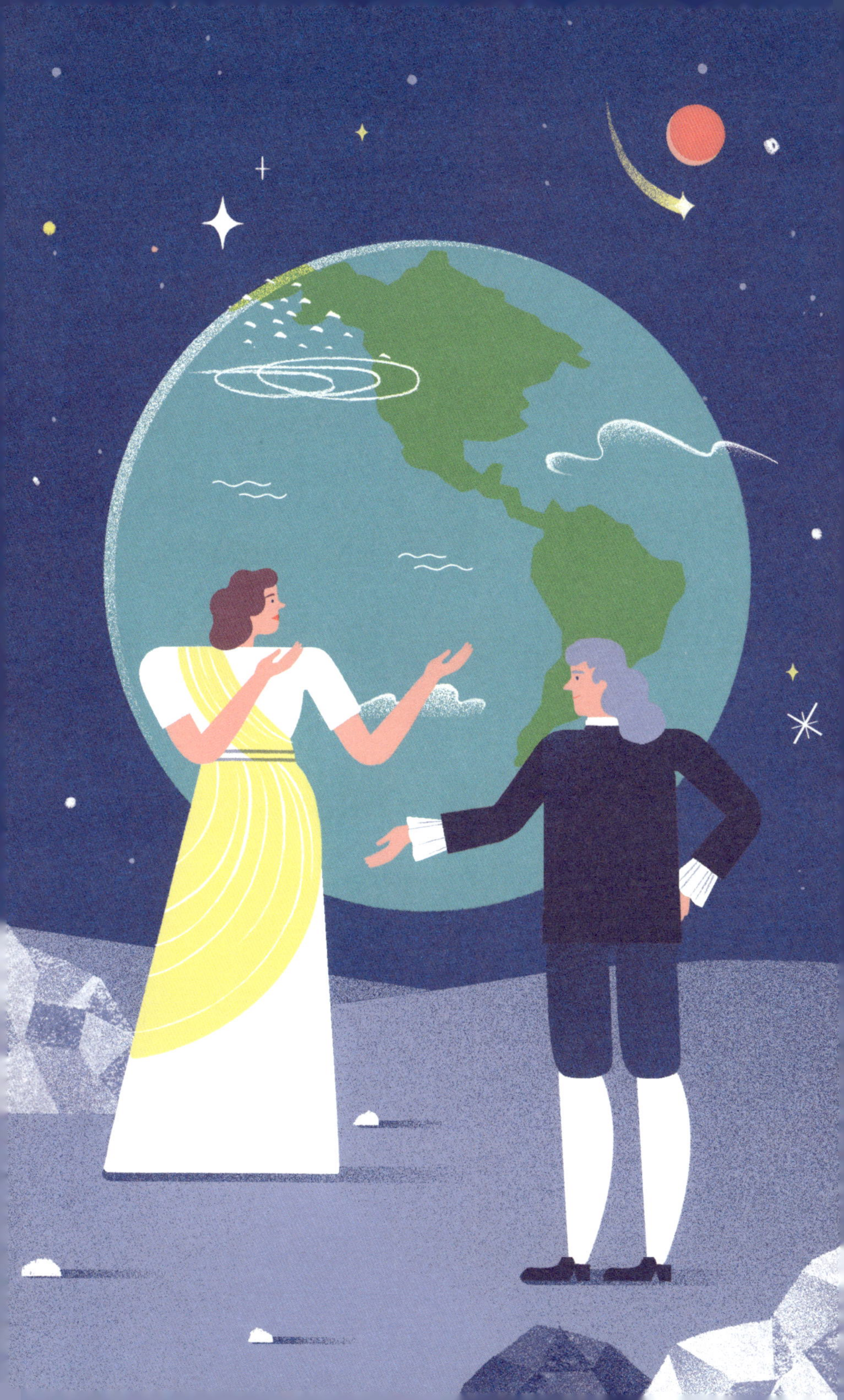

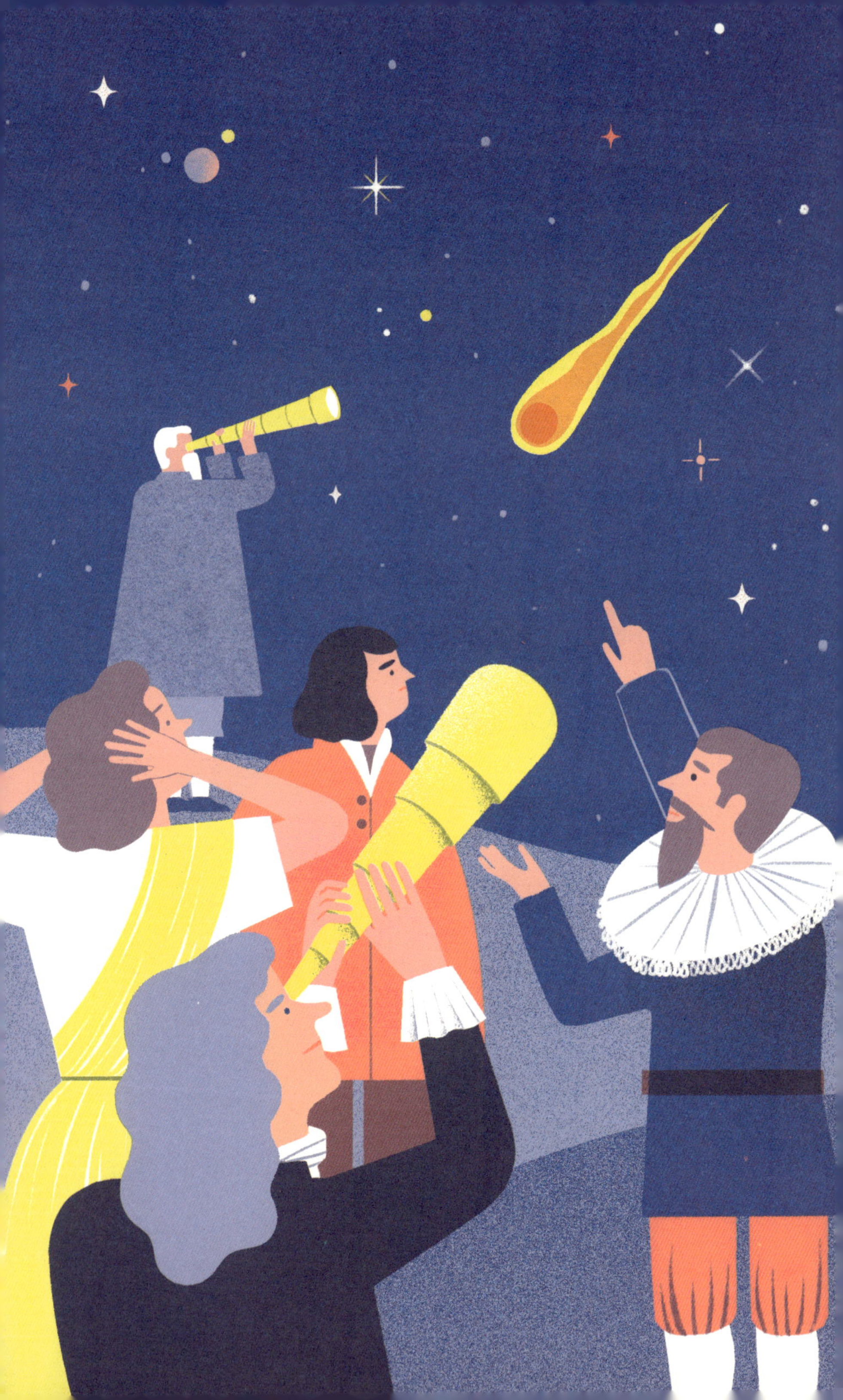

托勒密接着说:"我还发现了一片新大陆!开普勒想把它称作美洲,可我已经将它命名为亚特兰蒂斯了。"

"我来到这里之前,曾经从它的上空飞过。那里和英国的区别不太大,万有引力的作用是一样的。"牛顿总结说。

哥白尼缓慢地迈着大步子走过来,用力地挥着手,胳膊下夹着他的小狗。

"我觉得他是想跟我们说些什么。"开普勒说。

"快看看头顶上!"哥白尼大喊,"有什么东西朝我们飞过来了!"

"快隐蔽起来!那玩意儿会砸在我们头上的,我很肯定。"开普勒躲在托勒密身后叫道。

牛顿和伽利略架起望远镜向远方看去。

"那是一颗彗星!"牛顿宣布说。

"我也这么认为。"伽利略说,"那是一颗非常美丽的彗星。它的尾巴闪闪发光!"

"你们看不见它有多大吗?它很快就要撞上月球啦!"开普勒抱怨说。

托勒密耸了耸肩膀:"我刚来月球的时候,每天都下彗星雨,那时候我可没有望远镜来预知它们的到来。"

"我好害怕,我好害怕。"开普勒喃喃地重复着。

55

"不要慌。"伽利略安慰道,"这颗彗星会贴着月球飞过,不会撞上我们的。"

"伽利略,您是弹道轨迹专家,可不是彗星专家。"哥白尼反驳说。

"可是彗星上有人!"伽利略惊呼道,"您也看到了吗?牛顿?"

"是哈雷!"牛顿激动万分,"他来找我了!"

彗星擦过了月球。哈雷丢下一根很长的绳子,大家都紧紧抓住了绳子。

牛顿第一个把绳子绕在自己脚上,他费尽全力才爬上彗星冰冷的表面。跟在牛顿身后的是哥白尼,那只夹在他胳膊下的小狗也在奋力往上爬。

牛顿穿过一片尘雾,看到了哈雷的脸。两位好友紧紧地拥抱在一起。

"可您是怎么猜到我在月球上的?"牛顿忍不住好奇地问。

"您出发那晚,我在观察星星的时候正好看到您飘浮在天空,然后很快消失在了月球的另一面。我担心极了!这颗彗星经过地球的时候,我计算好了它的飞行轨道,原来它正要飞去月球。所以,我立刻找来了最长的绳子,请剑桥的孩子们用我们制作的大弹弓把我弹射到彗星上……我称之为'牛顿弹弓'。"

牛顿微微一笑。

"要知道,我亲爱的朋友,您爬上一把椅子都会眩晕,我真不敢相信您能做到这一切!"

"我也需要换换环境,一只企鹅霸占了我的塔,我就没法再用天文望远镜观测星星了。为了把它撵走,我可是费尽了心思,但它太固执了。"

原来，地球那一端的企鹅跳进了洞里，还一路走到了剑桥。牛顿拿回望远镜之后，企鹅就一直想找一架天文望远镜，它一眼就看上了哈雷家天文观测塔上的那个。

"所以，月球上怎么样？"哈雷兴奋地问道，两眼闪烁着炯炯神采。

"没有之前想的枯燥。月球上有很多卵石，不过……"

一长队的天文学家已经气喘吁吁地赶来了。

"我亲爱的哈雷，请允许我向您介绍几位银河俱乐部成员，这几位分别是哥白尼先生、伽利略先生和开普勒先生，这位是托勒密小姐。"

"真幸运,还好这颗彗星没有砸在我们头上。"伽利略仍心有余悸,"它真大。"

"从远处看更美。"托勒密说,"近看就像一颗脏兮兮的大雪球。"

开普勒重新戴上了牛顿的七色眼镜,在冰冷的彗星表面小步地往前挪。

"这里太美了!"他大声赞叹,"彗星闪烁着上千种彩虹般的颜色。可这儿确实有点冷。"

"很快会暖和起来的。"哥白尼充满了信心,"我们正朝着太阳前进。"

"没错,我们的彗星是沿着轨道行进的,之后会再次路过地球,大约七十五年以后吧。"哈雷给了个确切的数字。

"那我们就有足够的时间相互认识啦。"牛顿笑了。

哲学小知识

笛卡尔

勒内·笛卡尔,西方现代哲学思想的奠基人之一,近代唯心论的开拓者,那句"我思故我在"就是他的名言。在故事中,他提到宇宙中有巨大的旋涡,这种"旋涡说"启发了后来的很多天文学家。

莱布尼茨

戈特弗里德·威廉·莱布尼茨,因博学多才,被誉为"17世纪的亚里士多德"。在故事中,他和牛顿针锋相对;而在历史上,他们也是学术上的对手。

托勒密

克罗狄斯·托勒密,古希腊数学家、天文学家、地理学家、占星家。他是"地心说"的支持者,还著有《地理学指南》八卷。历史上真实的托勒密是一位男性,在书中,作者将他"改头换面",设定成了一位女性。

哥白尼

在尼古拉·哥白尼的"日心说"发表之前,"地心说"在中世纪的欧洲一直居于统治地位。哥白尼坚称地球不是宇宙的中心,这样大胆的发言在当时掀起了轩然大波。

开普勒

约翰尼斯·开普勒是哥白尼学说的忠实捍卫者,同时他也发现了行星运动的规律。在故事中,他提到行星围绕太阳旋转的轨道并不是一个完美的圆形,而是偏椭圆形的。

伽利略

伽利略·伽利雷在故事中提到物体在月球上下落的速度比在地球上慢。为了研究重力、加速度和自由落体运动,他曾在比萨斜塔上做过一次精彩的实验。关于他的故事,在"小柏拉图"系列的《伽利略的疯狂实验》中有更多介绍。

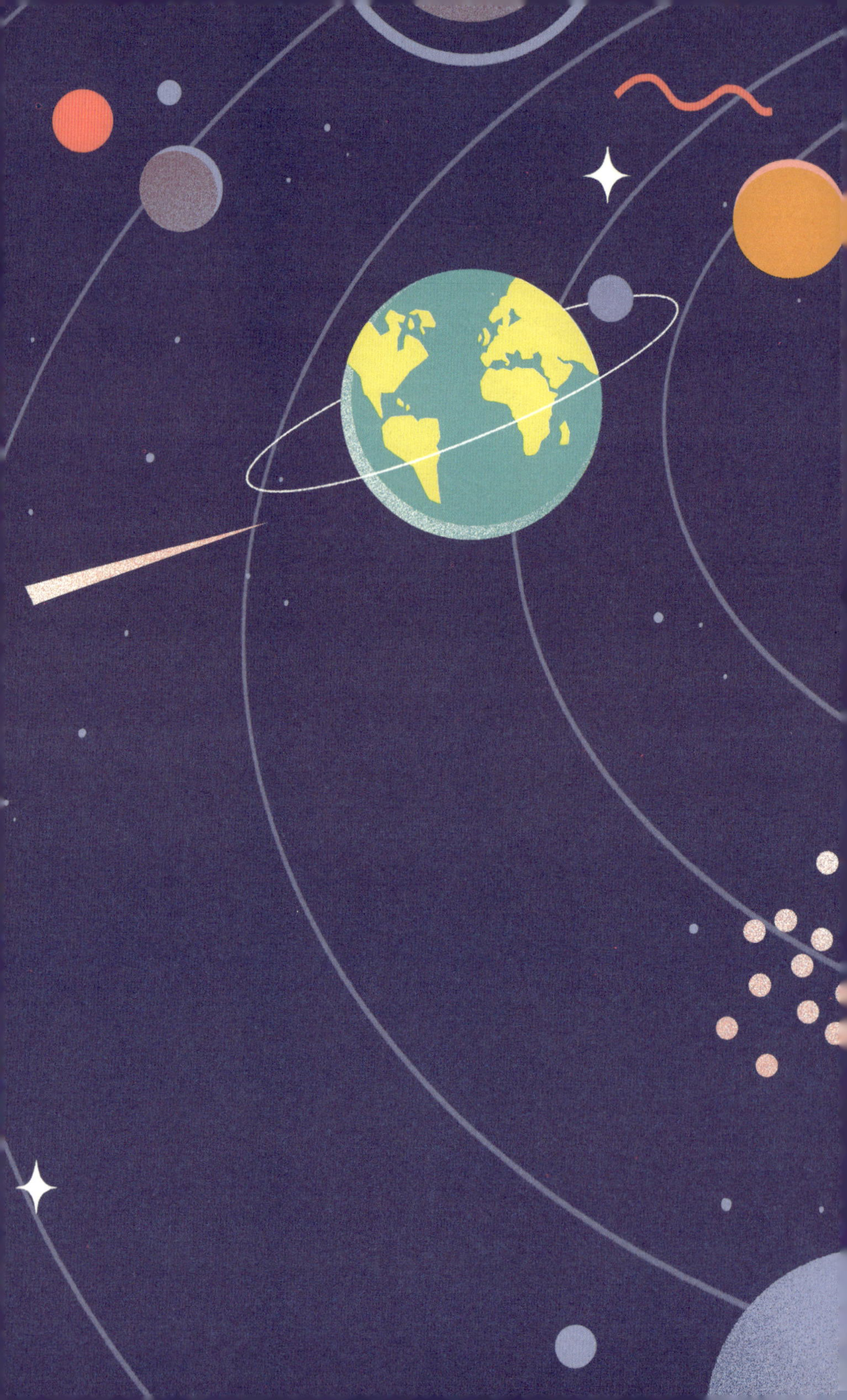

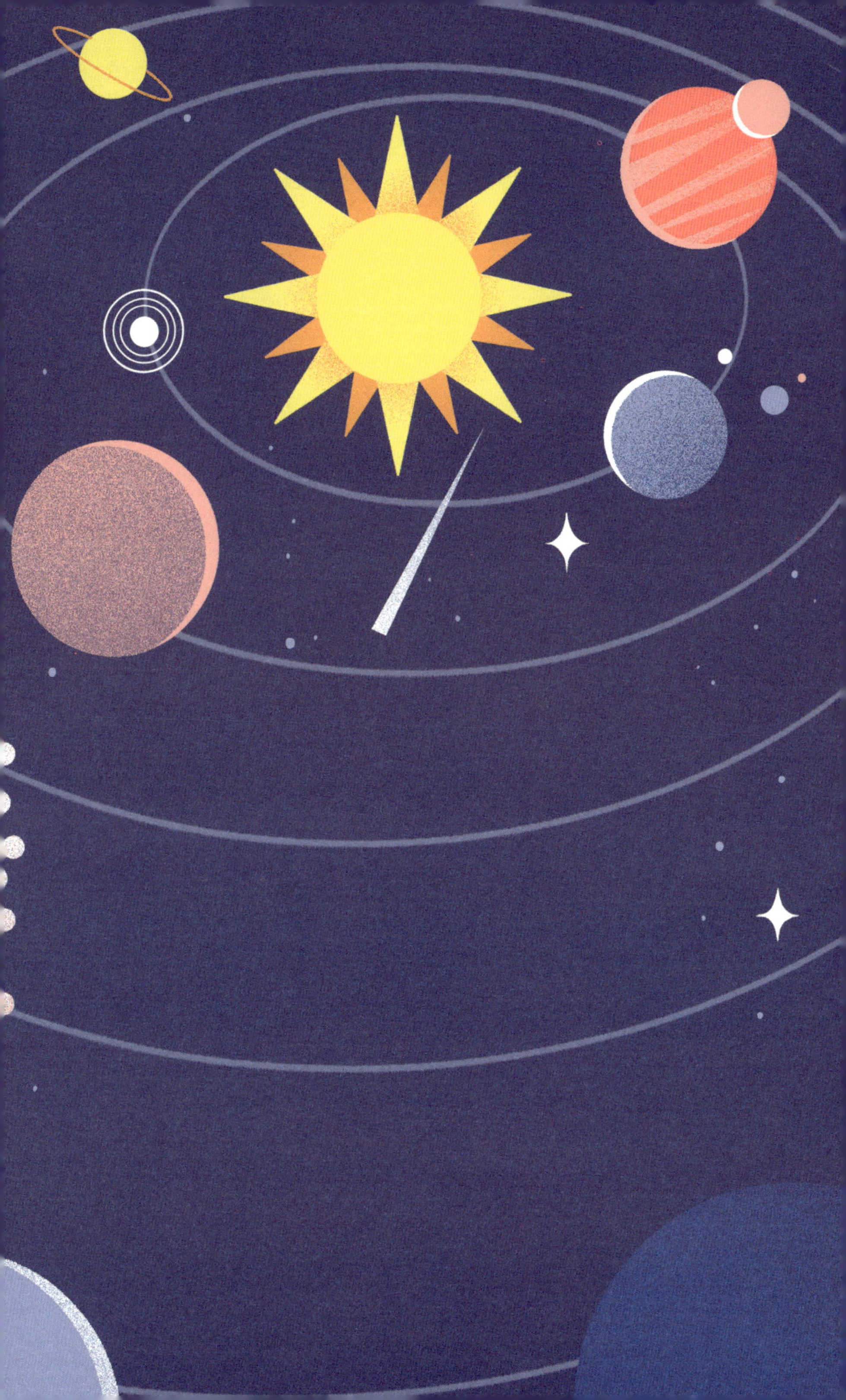

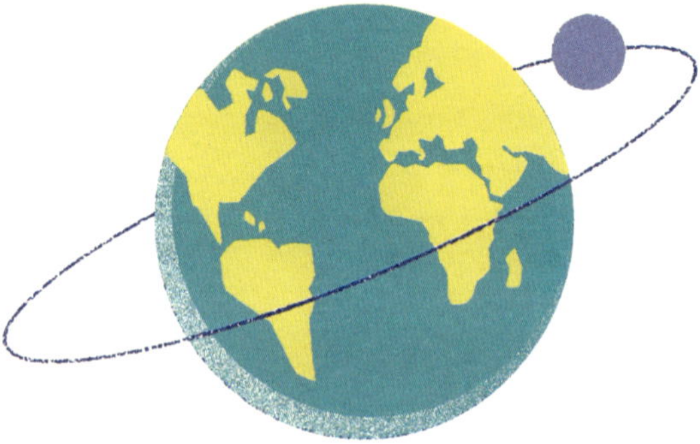

图书在版编目（CIP）数据

牛顿与银河俱乐部 /（法）马里恩·卡迪,（法）亚伯兰·卡普兰著;（西）塔提亚娜·博伊科绘; 张璐译. —广州：广东教育出版社, 2024.3
（小柏拉图）
ISBN 978-7-5548-5556-0

Ⅰ.①牛… Ⅱ.①马…②亚…③塔…④张… Ⅲ.①牛顿（Newton, Issac 1643–1727）—哲学思想—少儿读物 Ⅳ.①B561.299-49

中国国家版本馆 CIP 数据核字（2023）第 209089 号

Newton et la confrérie des astronomes
Copyright © Les petits Platons, Paris, 2018
Design: Yohanna Nguyen and Avril du Payrat
Translation copyright©(2023)by GINKGO BOOK
This edition was published by arrangement with Wubenshu Children's Books Agency. All rights reserved.

本书中文简体版权归属于银杏树下（上海）图书有限责任公司
著作权合同登记号图字：19-2023-267

牛顿与银河俱乐部
NIUDUN YU YINHE JULEBU

著　　者：	[法]马里恩·卡迪　[法]亚伯兰·卡普兰
绘　　者：	[西]塔提亚娜·博伊科
译　　者：	张　璐
出 版 人：	朱文清
策划统筹：	卞晓琰　周　莉
项目统筹：	尚　飞
责任编辑：	周　晶　刘　玥
特约编辑：	周小舟　宋燕群
责任技编：	佟长缨
装帧设计：	墨白空间·李　易
责任校对：	罗　莉
出版发行：	广东教育出版社
	（广州市环市东路 472 号 12-15 楼　邮编：510075）
印　　刷：	天津联城印刷有限公司
	（天津市宝坻区新安镇工业园区 3 号路 2 号　邮编：301825）
开　　本：	889 mm × 1194 mm　1/32
字　　数：	25 千字
印　　张：	2.25
版　　次：	2024 年 3 月第 1 版
印　　次：	2024 年 3 月第 1 次
书　　号：	ISBN 978-7-5548-5556-0
定　　价：	30.00 元

后浪出版咨询（北京）有限责任公司版权所有，侵权必究
投诉信箱：editor@hinabook.com　fawu@hinabook.com
未经许可，不得以任何方式复制或抄袭本书部分或全部内容
本书若有印、装质量问题，请与本公司联系调换，电话 010-64072833